PIRITHOUS,

TRAGEDIE,

REPRÉSENTÉE

POUR LA PREMIERE FOIS,

PAR L'ACADEMIE ROYALE DE MUSIQUE;

Le vingt-ſixiéme Janvier 1723.

Remiſe au Theâtre le onziéme Mars 1734.

DE L'IMPRIMERIE
De JEAN-BAPTISTE-CHRISTOPHE BALLARD,
Seul Imprimeur du Roy, & de l'Academie Royale de Muſique.

M. DCC XXXIV.

AVEC PRIVILEGE DU ROY.

LE PRIX EST DE XXX. SOLS.

ACTEURS CHANTANTS.

DU PROLOGUE.

L'EUROPE,	Mlle. Eermans.
L'AMOUR,	Mlle. Petitpas.
L'HYMEN,	Mlle. Jullyc.
BELLONE,	Mr. Cuvillier.

Chœur de Peuples de l'Europe.

Acteurs & Actrices Chantans dans tous les Chœurs du Prologue & de la Tragedie.

CÔTE' DU ROY.		CÔTE' DE LA REINE.	
Mesdemoiselles	*Messieurs*	*Mesdemoiselles*	*Messieurs*
Dun.	Dun-Pere.	Antier-C.	Le Myre.
Cartou.	St. Martin. Lefebvre.	Thetelette.	Morand. Deserre.
Ducoudray.	Louette.	Charlard.	Plet. Gaucher.
Delorge.	Marcelet. Deshais.	Lavallée.	Dautrep. Lasalle.
Gouffier.	Buseau.	Gaumenil.	François.
Dumagny.	Duplessis. Combault.	Deshaigles.	Duchesne. Houbault.
Marielle.	Rochette.	Gavelier.	Bourque.

ACTEURS DANSANTS DU PROLOGUE.

PEUPLES DE L'EUROPE.

BERGERS HEROIQUES;

Monſieur Matignon ;

Monſieur Bontemps ; Mademoiſelle Le Breton ;

POLONOIS;

Meſſieurs Dupré ; Dumay.

Meſdemoiſelles Petit, Rabon.

TURCS;

Meſſieurs Savar, Javillier-C.

Meſdemoiſelles Favre, Saint-Germain.

PROLOGUE.

Le Theâtre représente un lieu préparé pour une Fête. L'EUROPE est sur un Trône; Elle est entourée des Peuples les plus considerables de cette partie du monde, qui forment les Chœurs Chantans & Dansans.

SCENE PREMIERE.

L'EUROPE.

O Vous! que le Destin a mis sous ma puissance,
Peuples heureux, jouissez du repos;
La Gloire a couronné vos penibles travaux,
Une tranquille paix en est la recompense.

Vos vertus, vos talens, dignes presens des Dieux,
Rendent l'Europe sans égale,
Et l'Asie, autrefois ma superbe Rivale,
A perdu pour jamais ce titre glorieux.

Vous triomphez sur la Terre & sur l'Onde,
Tout suit vos loix, ou tombe sous vos coups;
L'Indien vous admire avec des yeux jaloux;
Les richesses du nouveau Monde
Ne semblent croître que pour vous.

Chantez, célébrez vôtre gloire,
Que de vos chants retentissent les airs;
Que vos aimables Jeux, que vos brillans Concerts
En éternisent la memoire.

CHOEUR.

Chantons, célébrons nôtre gloire,
Que de nos chants retentissent les airs,
Que nos aimables Jeux, que nos brillants Concerts
En éternisent la memoire.

On danse.

UNE EUROPE'ENE.

Doux Plaisirs,
Tout enchante où vous êtes,
Comblez nos desirs
Dans ces Retraites:
Le plus doux des Vainqueurs
Regne seul dans nos cœurs.
Quel Empire!
Tout ce qui respire
Soupire
D'amour
Dans ce beau séjour.

Loin de nous
Importune Sagesse,
Fuyez Soins jaloux,
Fuyez sans cesse,
Vous troublez le bonheur d'un Amant;
Un soupçon qui le blesse,
Luy fait quelquefois un tourment
D'un plaisir charmant.

Vous à qui tout rend les armes,
Tendre Amour, lancez vos traits,
Pour la gloire de vos armes
Laissez-nous aimer en paix,
Regnez, mais sans allarmes;
Ou sur nous, ne regnez jamais.

On danse.

La Danse est interrompuë par un bruit de Guerre.

L'EUROPE.

Ciel! quel bruit se répand dans ce séjour heureux?
Qui peut venir troubler nos Jeux.

BELLONE traverse le Theâtre par un vol rapide.

SCENE II.

BELLONE; L'EUROPE, & les Peuples de sa Suite.

BELLONE, aux Peuples.

Pour vous faire rougir d'une indigne foiblesse
Bellone s'offre à vos regards;
Eh quoy? les Favoris de Mars
Sont-ils faits pour des Jeux où regne la molesse?
Dans un honteux repos gardez-vous de vieillir,
Renouvellez vos anciennes querelles;
Combattez, meritez des palmes immortelles,
Les Vaincus même auront droit d'en cueillir.

Courez volez aux armes,
Hâtez-vous, genereux Guerriers.

CHOEUR.

Courons, volons aux armes.

L'EUROPE.

Cruels, voulez-vous que mes larmes
Arrosent encore vos lauriers?

BELLONE.

Hâtez-vous genereux Guerriers,
Courez, volez aux armes.

CHOEUR. *Courons*, &c.

L'EUROPE.

L'EUROPE.

Maître absolu des Mortels & des Dieux
Si tu ne peux calmer ces transports furieux,
Arme-toy, frappe, & d'un coup de tonnerre
Renverse ces audacieux:
Ils veulent rallumer le flambeau de la Guerre.

Une lumiere se répand dans les airs.

Le Ciel brille d'un nouveau jour:

Symphonie.

Quels doux concerts? quel Dieu dans ces lieux va descendre?
Je vois l'Hymenée & l'Amour:
Jupiter a daigné m'entendre.

L'AMOUR ET L'HYMEN descendent dans le même Char.

L'AMOUR, à L'EUROPE.

Jupiter exauce tes vœux;
C'est vainement que Bellone conspire,
Et l'Amour & l'Hymen, par leurs aimables nœuds,
Assurent à jamais la Paix dans ton Empire.

BELLONE.

Eloignons-nous de ces Climats heureux.

Elle sort.

L'HYMEN.

Peuples unis aux Peuples de la Seine,
Liez par une auguste chaine
Rien ne sçauroit troubler vôtre felicité:
Ne craignez rien de ce foible nuage
Qui d'un beau jour veut ternir la clarté
Mes feux dissiperont l'orage;
Mon flambeau pour l'Europe est le premier gage
D'une heureuse tranquilité:

L'AMOUR ET L'HYMEN.

Publiez l'heureuse victoire
Que l'Amour & l'Hymen remportent sur vos cœurs:
Ils triomphent de vos fureurs,
Chantez vôtre bonheur, & célébrez leur gloire.

On danse.

CHOEUR.

Publions l'heureuse victoire
Que l'Amour & l'Hymen remportent sur nos cœurs:
Ils triomphent de nos fureurs,
Chantons nôtre bonheur, & célébrons leur gloire.

FIN DU PROLOGUE.

ACTEURS
DE LA TRAGEDIE.

PIRITHOUS, *Roy de Thessalie,*	Mr. Tribou.
EURITE, *Roy des Centaures,*	Mr. Chassé.
THESE'E, *Roy d'Athenes,*	Mr. Dun.
HIPPODAMIE, *Amante de* PIRITHOUS,	Mlle. Lemaure.
HERMILIS, *Sœur d'Eurite, fameuse Enchanteresse,*	Mlle. Antier.
ACMENE, *Confident de Pirithous,*	Mr. Dun.
LE GRAND PRESTRE *de Mars,*	Mr. Cuignier.
LA DISCORDE,	Mr. Jelyot.
DEUX CENTAURES,	Mrs. Cuignier. Jelyot.
UN SONGE,	Mlle. Jullye.
AUTRE SONGE, L'ORACLE,	Mr. Jelyot.
DEUX BERGERES,	Mlles. Dun, Monville.
UNE THESSALIENNE,	Mlle Petitpas.

La Scene est en Thessalie, aux environs de l'Arisse, Ville Capitale des Etats de PIRITHOUS.

ACTEURS DANSANTS DE LA TRAGEDIE.

PREMIER ACTE.

CENTAURES,

Monsieur D-Dumoulin;

Messieurs P-Dumoulin, Dangeville, Hamoche, Bontemps, Javillier-C., Castillon, Dumay, Dupré.

SECOND ACTE.

DEMONS TRANSFORMEZ en Songes,

Monsieur D-Dumoulin, Mademoiselle Camargo;

Messieurs Dupré, Dumay, Matignon, Dangeville.

Mesdemoiselles Thybert, Le Breton, Saint-Germain, Favre.

AUTRES SONGES,

Messieurs Javilliers-L., Malter-C.

Mesdemoiselles Mariette, Petit.

TROISIE'ME ACTE.

ATHENIENS;

Monſieur Malter-C.;

Monſieur Javillier; Mademoiſelle Mariette;

Meſſieurs Dangeville, F-Dumoulin; Dumay, Dupré.

Meſdemoiſelles Durocher, Carville, Thybert, Petit.

QUATRIE'ME ACTE.

MAGICIENS;

Monſieur Dupré;

Meſſieurs Malter-L., Hamoche, Dumay Dupré, Savar, Javillier-C., Caſtillon, Bontemps, Matignon.

CINQUIE'ME ACTE.

FESTE DE VILLAGE;

Mademoiſelle Camargo;

Meſſieurs F-Dumoulin, P-Dumoulin;

Monſieur Malter-L., Hamoche, Bontemps, Matignon.

Meſdemoiſelles Favre, Le Breton, Saint-Germain, Binet.

DEUXIE'ME DIVERTISSEMENT.

Monſieur Javillier-L.;

Meſſieurs Javillier-C., Savar, Caſtillon.

Meſdemoiſelles Durocher, Carville, Rabon.

PIRITHOUS,

TRAGEDIE.

ACTE PREMIER.

Le Theâtre repréſente les Avenues d'un Palais que l'on voit dans le fonds.

La Scene commence au jour naiſſant.

SCENE PREMIERE.

PIRITHOUS.

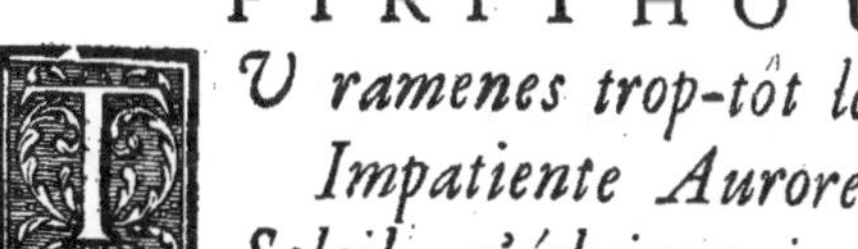

TU ramenes trop-tôt le jour,
Impatiente Aurore;
Soleil, n'éclaire point encore
Le malheur qui m'attend dans ce fatal ſéjour.

Je tremble à le prévoir, & je viens pour l'apprendre,
Aimable & cher Objet d'un souvenir trop tendre,
Hippodamie, est-ce sur vous
Que du Dieu Mars doit tomber le couroux?

Pirithous implore ta clemence,
Dieu terrible à tous les Mortels,
O Mars! si j'oubliay d'encenser tes Autels,
Punis-moy, mais du moins, épargne l'innocence.
Je vois Acmene.

SCENE II.

PIRITHOUS, ACMENE.

PIRITHOUS.

Eh! bien que m'aprens-tu?

ACMENE.

Armez-vous de vôtre vertu.
Vôtre malheur n'est que trop veritable,
Hippodamie est dans les fers.

PIRITHOUS.

Pour meriter un si cruel revers,
Dieu vangeur, suis-je assez coupable.

ACMENE.

ACMENE.

Cette fiere Hermilis qui commande aux Enfers,
Qui vous aimoit, & qui n'a pû vous plaire,
Se sert de son pouvoir fatal
Pour vanger son amour, & pour servir son Frere.

PIRITHOUS.

Quoy! le barbare Eurite...

ACMENE.

Il est vôtre Rival.

PIRITHOUS.

Qu'entends-je? O Ciel!

ACMENE.

Ce jour doit éclairer la Fête,
Que pour l'hymen d'Eurite, en ce Bois on aprête.

PIRITHOUS.

Ah! malgré le couroux des Dieux,
Avant que la Fête commence,
Je perceray le cœur d'un Rival odieux.

ACMENE.

Seigneur, abandonnez ces lieux,
Vous êtes sans défense.

Vôtre retour vous livre à des cœurs inhumains
Qui ne respirent que la rage;
Les efforts de vôtre courage
Rendront vos perils plus certains.
Attendez que Thesée...

PIRITHOUS.

Il sçait que le Perfide,
Au mépris de la paix, envahit mes Etats;
Pour l'en punir, il marche sur mes pas.

ACMENE.

Mais cependant Seigneur, le peril est extrême.
Qui vous a fait quitter ce glorieux Vainqueur,
Pour venir seul?...

PIRITHOUS.

Un songe; ah! j'en frémis d'horreur!
Il te fera frémir toy-même.

J'ay vû le redoutable Mars,
La fureur animoit sa voix & ses regards;
Tremble, m'a-t-il dit, tremble,
Mes Autels negligez
Seront vangez,
Par toutes les horreurs que contre-toy j'assemble.
Interdit, tremblant, allarmé,
J'ay fait de vains efforts pour calmer sa colere;
Mon repentir sincere
Ne l'a point désarmé.

Pour redoubler mes mortelles allarmes,
Je vois Hippodamie aux fers.
Le Dieu s'envole au bruit des armes;
La terreur, les cris, les larmes,
L'accompagnent dans les airs.

ACMENE.

Bannissez cette triste Image,
Thesée à tout moment peut s'offrir à nos yeux:
Il partagera vôtre outrage,
Et vous triompherez d'un Tyran furieux.

On vient: retirez-vous, faites-vous violence,
Moderez un juste couroux,
Vous devez suspendre vos coups
Pour assurer vôtre vangeance.

SCENE III.

EURITE, HERMILIS.

EURITE.

ENfin la Thessalie est soûmise à mes loix,
Tout céde à mon pouvoir suprême;
Je suis le plus heureux des Rois
Si l'Hymen en ce jour m'unit à ce que j'aime.

HERMILIS.

Le spectacle m'en sera doux.
Vous posséderez ma Rivale,
Et sa beauté que rien n'égale
La rend aussi digne de vous,
Qu'elle est digne de mon couroux.

Vous avez sur moy l'avantage
De posseder l'Objet dont vous êtes charmé;
Ah! puissiez-vous en être aimé,
Au gré de ma jalouse rage!

EURITE.

Aimé! non, ma fidelle ardeur
Ne peut triompher de sa haine.

HERMILIS.

A cette haine, opposez la rigueur.
Forcez, forcez le penchant qui l'entraîne;
Qu'importe que l'Amour, ou l'Hymen vous enchaîne?
Soyez heureux aux dépens de son cœur.

EURITE.

On veut être aimé quand on aime,
Un cœur tendre veut du retour:
Quel tourment, quelle peine extrême
De devoir au pouvoir suprême
Un Bien qu'on attend de l'amour?

SCENE IV.

EURITE, HERMILIS, HIPPODAMIE, Troupe de Centaures, Troupe de Lapithes enchaînez.

EURITE, à HIPPODAMIE.

Princesse, ce n'est point un superbe Vainqueur,
Qui veut vous éblouïr par l'offre d'un Empire;
C'est un tendre Amant qui n'aspire
Qu'au sensible plaisir de toucher vôtre cœur.

Brisez les fers dont la victoire
Enchaîne dans ces lieux, des Peuples malheureux;
Regnez sur moy; regnez sur eux;
Faites mon bonheur & leur gloire.

Aux CENTAURES.

Vous, qui suivrez bien-tôt les loix
Du digne Objet dont j'ay fait choix,
Chantez l'Hymen, célébrez ma Conquête.

Centaures, unissez vos voix,
Et que tout parle dans ces Bois
Des plaisirs que l'Amour m'aprête.

HIPPODAMIE, à part.

Quel supplice! ô Dieux! quelle fête!

CHOEUR DE CENTAURES.

Que nos chants rempliſſent les airs,
Dans le fonds des Forêts que nos ſons ſe répandent;
Que nos voix juſqu'aux Cieux s'étendent:
Echo, repetez nos Concerts,
Que les Dieux des Bois les entendent.

On danſe.

DEUX CENTAURES.

Du Dieu d'amour dans nos bois
Nous reconnoiſſons l'Empire;
Sans languir, on y ſoupire,
Nous adouciſſons ſes loix.
Des inquiettes allarmes
Nous ignorons les douceurs;
Mais nous connoiſſons les charmes
Des mutuelles ardeurs;
Et ce ſont les ſeules armes
Qui triomphent de nos cœurs.

On danſe.

EURITE, à HIPPODAMIE.

Tout eſt prêt, il eſt temps que l'Amour nous uniſſe;
Venez ſur cet Autel, me donner vôtre foy.

HIPPODAMIE.

Le puis-je, helas! ſans injuſtice?
Vous ſçavez à qui je la doy.

EURITE.

Sans vous parler de ma puissance,
Princesse, mon amour vous fait une autre loy.

HIPPODAMIE.

J'ay toûjours été libre ; au moins dispensez-moy
D'une si prompte obeïssance.

EURITE.

Je vous aime & je suis Roy.
Approchons de l'Autel.

SCENE V.

PIRITHOUS; & les Acteurs de la Scene précédente.

PIRITHOUS.

ARrête.

EURITE.

Ciel ! c'est Pirithous.

HERMILIS.

O Dieux!

PIRITHOUS, à EURITE.

Quel insolent triomphe icy blesse mes yeux?
Quelle est cette odieuse Fête,
Qui t'a rendu maître en ces lieux?

EURITE.

L'ignore-tu ? c'est la Victoire,
C'est elle qui me rend maître de tes Etats,
Qui met en mon pouvoir, cet Objet plein d'appas.
Regarde ma Conquête, & juge de ma gloire.

PIRITHOUS.

Non, la gloire n'est point le prix
De la trahison la plus noire.

EURITE.

EURITE.

Un vain couroux, est digne de mépris.

Si je te conserve la vie,
C'est pour te rendre encor plus malheureux.
Hippodamie, au gré de mon envie,
En ce jour, à tes yeux, va couronner mes feux.

HIPPODAMIE, à EURITE.

Cruel! n'esperez pas ébranler ma constance.
Je vous le dis encor, j'aime Pirithous,
Et ce n'est point à sa présence
Que vous devez imputer mes refus.

EURITE.

Eh bien, il sera donc l'objet de ma vangeance.

AUX CENTAURES.

Renfermez ces Captifs.

HIPPODAMIE.

Helas!

PIRITHOUS.

Je ne vous abandonne pas.

HIPPODAMIE.

Ciel! j'implore ta défense;
Pirithous, prenez soin de vos jours.

PIRITHOUS.

Ah! je vole à vôtre secours.

EURITE.

Qu'on puniſſe à l'inſtant cette audace inſolente.

LES CENTAURES l'environnent.

Qu'on le perce de mille coups.

HERMILIS.

Pour l'arracher à ce fatal couroux,
Démons, rempliſſez mon attente.

Un nuage dérobe PIRITHOUS à la fureur des CENTAURES.

SCENE VI.

EURITE, HERMILIS.

LES CENTAURES retirez.

EURITE.

AH! perfide Hermilis, trahirez-vous toûjours
L'eſpoir de ma vangeance?
Lorſque je puis trancher les jours
D'un Rival que le ſort a mis en ma puiſſance,
Vôtre cœur vole à ſon ſecours.

HERMILIS.

Ah! si je suis sensible aux peines qu'il endure,
C'est pour mieux servir vôtre ardeur.

D'un amour outragé dissimulons l'injure,
Essayons en ce jour ce que peut la douceur;
C'est souvent pour aller au cœur
La route la plus sûre.

EURITE.

Rien d'un fatal amour ne peut le dégager,
Il dédaigne vos feux, il ose m'outrager,
Et vous l'aimez! ô Dieux, quelle foiblesse!
Vous frémissez du peril qui le presse.

HERMILIS.

Non, je ne tremble point de le voir en danger;
Mais, ma pitié combat encor ma rage.
Helas! je crains qu'il ne m'outrage,
Plus qu'il ne faut pour m'obliger
A le perdre pour m'en vanger.
Cependant pour fléchir ce superbe courage,
Par les plus tendres soins je veux le prévenir.
Ma haine, mon amour, mettront tout en usage,
Si je ne puis rien obtenir,
Qu'il perisse, c'est son ouvrage.

EURITE.

Pourquoy differer davantage?
Vangeons-nous, vangeons-nous; nous sommes outragez.

EURITE ET HERMILIS.

Il faut que la rigueur accable
Des cœurs qu'on a trop ménagez,
Haine, Dépit, Fureur inexorable,
Servez l'Amour, ou le vangez.

FIN DU PREMIER ACTE.

ACTE SECOND.

Le Theâtre change, & représente des Jardins, enchantez par l'Art d'HERMILIS.

SCENE PREMIERE.

PIRITHOUS, HERMILIS.

PIRITHOUS.

Ermilis m'offre son secours,
Et cependant je suis sans armes !

HERMILIS.

Bannissez ces vaines allarmes,
Mes soins vous serviront toûjours.
Helas ! comment pouvez-vous croire
Que j'expose jamais vos jours ?

PIRITHOUS.

S'ils vous sont chers ces jours, prenez soin de ma gloire.

Vôtre pouvoir trop dangereux
Enchaîne en ces lieux mon courage:
Par un mouvement genereux,
Faites cesser mon esclavage.

HERMILIS.

Ingrat, fais donc cesser l'amour que j'ay pour toy.

Moy-même je suis dans tes chaînes,
Et je ressens les mêmes peines
Que je te cause, malgré-moy.

Ah! si la liberté t'est chere,
Di-moy seulement que j'espere;
Je te rends libre sur ta foy.

PIRITHOUS.

Helas!

HERMILIS.

A ce soupir n'ay-je rien à prétendre?
D'un langage si tendre
Ne puis-je me flater?

PIRITHOUS.

Je ne veux point vous irriter.
Malgré moy, mon trouble s'exprime;
A mon cœur allarmé ne faites point un crime
D'un amour malheureux qu'il ne peut surmonter.

HERMILIS.

S'il faut que pour jamais je renonce à vous plaire,
Prince, je puis trop vous haïr:
Ne méprisez point ma colere.

PIRITHOUS.

Je la meriterois, si j'osois vous trahir.

HIPPODAMIE.

Eh bien, cesse de te contraindre;
Triomphe, méprise mes vœux;
Aux yeux de ton Rival fais éclater tes feux,
Ou plûtôt, songe à les éteindre.

Tremble pour ma Rivale, elle est en mon pouvoir:
Tremble pour toy; vous avez tout à craindre
D'un jaloux désespoir.

Fureur, viens regner dans mon ame
Je n'attens plus rien de l'amour.
Vaine Pitié, fuyez, cédez à vôtre tour
A la colere qui m'enflâme.
L'Objet de ton amour va paroître en ces lieux.
Profite, Ingrat, du moment précieux
Que ma foiblesse encor te laisse.
Si tu ne veux voir ta Princesse
Expirer à tes yeux,
Rends-là sensible aux soins d'un Rival furieux;
Qu'elle couronne sa tendresse.

SCENE II.

PIRITHOUS.

PRince trop malheureux, helas ! quel est ton sort.
Victime d'un pouvoir barbare,
De tous les maux qu'on te pépare
Le plus cruel n'est pas la mort.

Le plaisir d'être aimé d'un Objet plein de charmes
Fait toute ma felicité ;
Quel sera mon malheur, si sa fidelité
Devient la source de mes larmes !

SCENE III.

PIRITHOUS, HIPPODAMIE.

PIRITHOUS.

Quel changement!

HIPPODAMIE.

Ciel! quel affreux revers!
Prince trop malheureux!

PIRITHOUS.

O fortune ennemie!
Quoy, c'est donc vous Hippodamie!
Au sein de mes Etats je vous vois dans les fers?

HIPPODAMIE.

Ah! dans l'excès de ma tendresse
Tous mes malheurs me seroient chers,
S'ils pouvoient vous sauver du peril qui vous presse.

Mais, quel fatal destin conduit icy vos pas?
Y venez-vous chercher une mort trop certaine?
Quand j'étois seule en ces climats,
Du Tyran furieux, de sa Sœur inhumaine,
Je bravois l'amour & la haine;
Et j'aurois sans trembler, affronté le trépas.
Vôtre retour me livre aux plus vives allarmes;
Helas! mes soupirs, & mes larmes
Ne feront que hâter les coups
Que l'Amour outragé portera contre vous.

PIRITHOUS.

Je ne merite pas une si tendre crainte ;
Des maux que vous souffrez, je suis l'unique auteur ;
Et c'est, en vous portant une mortelle atteinte,
Que me poursuit un Dieu vangeur.

HIPPODAMIE.

Laisse-toy fléchir, Dieu terrible,
Sois touché de nos pleurs, écoûte nos regrets ;
Mais, si ton couroux invincible
A nos malheurs est insensible,
Epuise sur moy tous tes traits.

PIRITHOUS.

Tombe sur moy seul sa vangeance.
Quoy ! je perdrois en même jour
Ma liberté, ma gloire, ma puissance,
Et le flateur espoir que me donna l'Amour ?

HIPPODAMIE.

Je puis être l'Objet d'une rigueur extrême,
Mais il ne dépend pas du sort
Que je renonce à ce que j'aime ;
Jusques dans les bras de la mort,
Mon cœur sera le même.

ENSEMBLE.

Rien ne peut éteindre mes feux.
De nos fiers ennemis l'impitoyable haine,
Loin de briser ma chaine,
En serre encor plus fortement les nœuds.

Le Theâtre s'obscurcit.

Mais, quelle vapeur soudaine
Vous dérobe à mes yeux?
Nous abandonnez-vous, grands Dieux?

HIPPODAMIE.

Pirithous!

PIRITHOUS.

Hippodamie!

ENSEMBLE.

Ah! d'une implacable Ennemie
Je reconnois le funeste pouvoir.
Barbares, ôtez-nous la vie
Puisque vous nous ôtez le plaisir de nous voir.
Je me sens arrêter par d'invisibles chaines.
O Mort! viens terminer nos peines.

Ils tombent icy enchantez & assoupis.

SCENE IV.

HERMILIS, EURITE, PIRITHOUS, HIPPODAMIE.

Le Theâtre devient éclairé.

HERMILIS, à EURITE.

APprochons, voyons ces Amants,
C'est par le pouvoir de mes charmes
Qu'ils paroissent jouir de ces heureux moments,
Où le Sommeil suspend les plus vives allarmes.
Qu'ils sont loin de goûter des plaisirs si charmants!
Dans mes trompeurs enchantements,
Je leur fais voir le peril qui les presse,
Et leur mutuelle tendresse
Est la source de leurs tourments.

EURITE.

Qu'à leur destin je porte envie!
Ils s'aiment, ils sont trop heureux.
La noire & triste Jalousie
Nous tourmente & serre leurs nœuds.
Ah! pour nous quel supplice affreux!
Qu'à leur destin je porte envie!
Ils s'aiment, ils sont trop heureux!

HERMILIS.

Esprits soûmis à ma puissance,
Rassemblez-vous, suivez mes loix.
Des Songes inquiets, prenez la ressemblance;
Volez Troupe legere, accourez à ma voix.

CB

SCENE V.

Troupe de DE'MONS sous la forme des SONGES;
Et les Acteurs de la Scene précédente.

HERMILIS, aux DE'MONS.

D'Un trait fatal, l'Amour nous blesse,
Et nous blesse pour des Ingrats ;
Une si honteuse foiblesse
A pour nous encor des appas.

Qu'à ces Amants vôtre pouvoir inspire
Le desir de briser leurs nœuds.
Mon cœur en ce moment soupire,
Helas ! c'est assez vous instruire
De tout ce que je veux.

CHOEUR.

Que de regrets, de plaintes & d'allarmes,
Suivent les constantes amours.
Quel tourment, quelle erreur, de passer ses beaux jours
Dans les soupirs & dans les larmes !

On danse,

DEUX SONGES.

Que les nœuds d'amour ſont charmants,
Quand nul obſtacle ne les gêne!
Le doux charme qui nous entraîne
Occupe ſeul tous nos moments.
Mais, l'on ſe laſſe d'une chaîne
Qui ne cauſe que des tourments.

UN DES SONGES.

Sortez d'un funeſte eſclavage,
Livrez vos cœurs à de nouveaux deſirs:
Quand on aſſure ſes plaiſirs,
Doit-on rougir d'être volage?

Lorſque tout s'oppoſe à nos vœux,
Pourquoy ſe piquer de conſtance?
L'ennuyeuſe perſéverance
Nous fait des jours trop malheureux.

Sortez, &c.

On danſe.

LES DEUX SONGES.

Le péril qui vous environne
N'a rien qui vous étonne,
Vôtre grand cœur n'en eſt point allarmé;
Mais le plus fier courage eſt enfin déſarmé
Lorſque l'Amour jaloux, ordonne
De craindre pour l'Objet aimé.

On danſe.

HERMILIS.

Esprits qui m'obéïssez,
Laissez-nous seuls, disparoissez.

Les Songes se retirent.

HERMILIS touche de sa Baguette PIRITHOUS & HIPPODAMIE.

PIRITHOUS, ET HIPPODAMIE.

Ah! quel pouvoir m'arrache à ce sommeil terrible?
Où suis-je? ô Ciel! mais c'est vous que je voy!
Qui s'interesse à nôtre sort?

HERMILIS.

C'est moy.

PIRITHOUS.

Genereuse Hermilis, si vous estes sensible...

HERMILIS.

Je ne le suis que trop, Ingrat, en doutez-vous?
Pour terminer vos maux, pour finir vôtre peine,
Tout vous dit qu'il faut rompre une fatale chaîne.
Vous vous troublez, je sens rallumer mon couroux,
Craignez d'être l'objet d'une rage inhumaine.

EURITE, à HIPPODAMIE.

Rendez la paix à ces climats,
Soyez sensible à l'ardeur qui me presse.
Si d'un Prince captif le sort vous interesse,
Vous pouvez d'un seul mot luy rendre ses Etats,
Vous estes de son sort, souveraine Maîtresse.

Sur vôtre cœur faites un noble effort:
Cessez de refuser un hommage sincere,
Ou redoutez le funeste transport
D'un Amant qui peut tout, & que l'on désespere.

PIRITHOUS ET HIPPODAMIE.

PIRT. { *Non, je ne puis* } *briser des nœuds si doux!*
HIP. { *Quoy, vous pourriez* }
Ils m'attachent seuls à la vie:
Ah! que plûtôt cent fois elle me soit ravie;
Je ne veux vivre ou mourir, que pour vous.

HERMILIS.

C'en est trop, la fureur s'empare de mon ame,
Puisque mes soins sont superflus,
Cesse de me parler, je ne t'écoute plus,
Cruel Amour, je céde au transport qui m'enflâme.

CHOEUR.

CHOEUR, derriere le Theâtre.

Heros, favorisé des Cieux,
Hâtez-vous, Venez nous défendre.

HERMILIS, ET EURITE.

Quel bruit! quels cris séditieux!

LE CHOEUR.

Vangez-nous, triomphez d'un Tyran odieux,
Thesée, accourez nous défendre.

PIRITHOUS, HERMILIS, EURITE, ET HIPPODAMIE.

O Ciel! Thésée est en ces lieux!

HERMILIS.

Protegé par Minerve, il pense nous surprendre:
Mais, le fût-il encor de tous les autres Dieux;
Perfides, vous mourrez; il ne sçauroit vous rendre
La liberté, que vous osez prétendre.

LE CHOEUR.

Heros, favorisé des Cieux,
Hâtez-vous, venez nous deffendre.

HERMILIS.

Il approche, & je dois me cacher à ses yeux.
Pour punir cet Audacieux,
Jusqu'au fond des Enfers je vais me faire entendre:
Vous étes Roy, Seigneur, & Roy victorieux,
C'est à vous icy de l'attendre.

SCENE VI.

THESE'E, HIPPODAMIE, PIRITHOUS, EURITE.

Troupe de THESSALIENS, Troupe d'ATHENIENS de la Suite de THESE'E.

THESE'E, à EURITE.

EH quoy ! malgré la foy promiſe,
Par une coupable entrepriſe,
Vous portez en ces lieux le trouble & la terreur,
Sans craindre que Theſée arme ſon bras vangeur ?

EURITE.

Un Roy ne craint que le Tonnerre :
Soit qu'il faſſe la Guerre,
Ou qu'il faſſe la Paix,
Il ne doit qu'à lui ſeul, compte de ſes Projets.

THESE'E.

Vous étes Roy, mais vous étes parjure.
Eurite croit-il que j'endure,
Qu'il regne en Theſſalie, en Tyran furieux ?
Avec Pirithous je partage l'injure,
Je vangeray le Lapithe & les Dieux.

EURITE.

A ces Dieux je vais rendre hommage:
Ils ont ramené dans ces lieux
Un Ennemy digne de mon courage.

Il sort.

HIPPODAMIE.

Renverse, ô Ciel! ces projets odieux.

PIRITHOUS, à THESÉE.

Je n'ay jamais douté de l'amitié sincere
Qui vous a fait hâter vôtre retour;
Mais, Seigneur, qui peut en ce jour
Suspendre les effets d'une juste colere?
Les Monstres, les Tyrans doivent sentir nos coups.
Du soin de leur faire la guerre,
Les Dieux se reposent sur nous;
Achevons, achevons d'en délivrer la Terre.

THESÉE.

Moderez cet ardent couroux:
Minerve a pris soin elle-même
De me conduire dans ces lieux:
Avec tout son éclat se montrant à mes yeux,
Elle m'a du Destin apris la Loy suprême.

Pour arracher Pirithous
Au triste sort qui le menace,
Si tu ne peux calmer le fier Dieu de la Thrace,
Tes efforts sont superflus.

HIPPODAMIE.

Pour nous rendre ce Dieu propice,
Joignons nos vœux, uniſſons-nous;
Allons ſur ſes Autels offrir un ſacrifice:
Puiſſe-t'il calmer ſon couroux.

THESÉE, HIPPODAMIE, ET PIRITHOUS.

Allons ſur ſes Autels offrir un ſacrifice:
Puiſſe-t'il calmer ſon couroux.

FIN DU SECOND ACTE.

ACTE TROISIEME.

Le Theatre représente le Temple de MARS, le Sanctuaire en est fermé.

SCENE PREMIERE.

EURITE.

Terrible Dieu qu'en ce Temple on adore
Toy, par qui tant de fois je fûs victorieux,
Mars, c'est Eurite qui t'implore,
Fais tomber sous mes coups un Rival odieux.

Confonds un Roy qui le protege,
Vange les droits des Immortels,
Refuse l'Encens sacrilege
Qu'on vient t'offrir sur tes Autels.

Je ſerviray ton couroux légitime,
J'y cours, ſeconde mes efforts;
Ah! dans l'excès de mes juſtes tranſports,
O Mars, ne me fais point un crime,
Si j'immole à tes yeux ta coupable victime.

Triomphe du mépris qu'on fait de mon ardeur.
Trop indigne Rival, joüis de mes allarmes,
Mais crains ma jalouſe fureur.
Icy tout eſt ſoûmis au pouvoir de mes armes,
Bientôt le carnage & l'horreur
Te livreront du moins à d'éternelles larmes,
Si je ne puis percer ton cœur.

Que l'impitoyable Bellonne
Renouvelle en ces Lieux ſes ravages affreux.
Qu'elle faſſe des malheureux:
L'Amour au deſeſpoir l'ordonne.

SCENE II.

PIRITHOUS, HIPPODAMIE.

PIRITHOUS.

LE Ciel ſera favorable à nos vœux,
Et l'innocence de nos feux
Doit calmer ſa colere:
Je puis ſans être témeraire,
Me flatter que d'aimables nœuds
Nous rendront l'un & l'autre heureux.

HIPPODAMIE.

Mon cœur malgré moi, se refuse
A cet espoir si doux;
Si cet espoir vous-même vous abuse,
Cher Prince, que deviendrons-nous?

PIRITHOUS.

Nous sommes sortis d'esclavage,
Non, rien ne peut nous séparer.
Ma tendresse pour vous, Thesée, & mon courage,
Tout en ce jour nous permet d'esperer.

HIPPODAMIE.

Quoi! Je pourrois vous voir sans cesse?
Rien ne troubleroit nos amours?

PIRITHOUS.

Il est tems que nôtre tendresse
Fasse le bonheur de nos jours.

HIPPODAMIE.

Quoi! nos malheurs....

PIRITHOUS.

Perdez-en la mémoire.

HIPPODAMIE.

Helas! mon tendre cœur ne peut se rassurer.

PIRITHOUS.

Lorsqu'en ce jour tout semble conspirer

A couronner mes feux & rétablir ma gloire,
Vous combattez l'espoir dont mon cœur est charmé.

HIPPODAMIE.

Ah! si vous êtiez moins aimé,
J'aurois moins de peine à vous croire.

PIRITHOUS.

Cessez de répandre des pleurs.

HIPPODAMIE.

Le puis-je, helas! ma Rivale est cruelle,
Et vous m'etes toûjours fidelle.

PIRITHOUS.

Ne redoutez plus ses fureurs.
Vous la verrez perir victime de sa rage.

HIPPODAMIE.

Helas! je crains encore la colere des Dieux.

PIRITHOUS.

Pour se joindre à nos vœux, & leur rendre un hommage,
Thesée avance dans ces lieux.

SCENE III.

SCENE III.

THESÉE, HIPPODAMIE, PIRITHOUS, Troupe de Lapithes, Troupe d'Atheniens portant des Drapeaux & des Trophées.

THESÉE.

Toi qui d'un ſeul de tes regards,
Renverſe les Rempars,
O Mars,
Reçois ces Armes, & ces Dards,
Reçois ces ſanglants Etendards,
Nous les tenons de la Victoire,
Nous les conſacrons à ta gloire.

CHOEUR.

Toy qui d'un ſeul de tes regards, &c.

THESÉE.

Chantons la puiſſance
Du Dieu des Guerriers;
Ce Dieu ſeul diſpenſe
D'immortels Lauriers. On danſe.

CHOEUR. *Chantons*, &c.

Le Sanctuaire du Temple s'ouvre, le Grand Prêtre paroît.

PIRITHOUS, AU GRAND-PRESTRE.

Miniſtre reveré de ce Dieu redoutable,
Que la victoire accompagne toûjours:
Un Roy malheureux & coupable,
Pour appaiſer ce Dieu, demande ton ſecours.

Si tu ne peux calmer le couroux qui l'anime,
S'il n'écoute point mes regrets,
Obtiens de ſa bonté, que pour laver mon crime,
Je ſois ſon unique Victime,
Et qu'il épargne mes Sujets.

LE GRAND PRESTRE.

Dieu puiſſant, reçoy nôtre offrande,
De ce Prince exauce les Vœux;
A cet Empire malheureux
Accorde la Paix qu'il demande.

Bruit dans le Temple.

Qu'entends-je! ô Ciel! quel bruit affreux!
Qui vient troubler nos auguſtes Myſteres?
Qui ſont ces téméraires?
Dieu terrible, punis ces Projets criminels.

EURITE s'avance, ſuivy des Centaures.

LE GRAND PRESTRE.

Oſes-tu venir dans ce Temple,
Faire la guerre à nos Autels?
Roy trop audacieux, crains de ſervir d'exemple
Aux profanes Mortels.

EURITE.

Qui peut ſuſpendre ma vangeance:
D'où me vient ce ſoudain effroy?
Quelle eſt la ſecrete puiſſance,
Qui porte la terreur juſqu'en l'ame d'un Roy?

LE GRAND PRESTRE.

Reconnois le Pouvoir céleste,
Et redoute un destin funeste.
Mais, je sens sous mes pas le Temple s'ébranler:

Ces Voûtes s'obscurcissent:
Les Feux sacrez pâlissent:
L'Oracle va parler;
Que tous les cœurs fremissent.

ORACLE.

Au pied du Mont Othris qu'on prépare un Festin.
Qu'en liberté les deux Peuples s'y rendent:
Sur l'hymen où leurs Rois prétendent,
Ce jour va déclarer les Decrets du Destin.
Peuples, ce jour finira vos allarmes,
La Paix va succeder au tumulte des armes.

LE GRAND PRESTRE.

A ces suprêmes Loix
Obéissez Peuples & Rois.

Les Atheniens se retirent: EURITE reste avec les Centaures.

SCENE IV.

EURITE.

QUel Oracle a troublé mon ame!
Que veulent-ils de moy, ces Dieux?
Veulent-ils traverser ma flâme?

SCENE V.

HERMILIS, EURITE.

HERMILIS.

Que faites-vous encor dans ces funestes lieux?

EURITE.

Helas!

HERMILIS.

Vous soupirez, eh quoy! le fier Eurite,
Par un Oracle vain peut se laisser troubler?

EURITE.

Un noir pressentiment m'agite.

HERMILIS.

Ce n'est point à vous à trembler.
J'ay des secours certains pour vanger nôtre injure,
Et punir vôtre heureux Rival.
Suivez-moy, ce Festin luy deviendra fatal.
C'est Hermilis qui vous le jure.

FIN DU TROISIE'ME ACTE.

ACTE QUATRIEME.

Le Theatre repréſente un Antre magique.

SCENE PREMIERE.

HERMILIS, EURITE.

HERMILIS.

DAns cet Antre interdit aux profanes Humains,
J'implore le ſecours du tenebreux Empire:
Pour favoriſer nos deſſeins,
Il faut qu'avec nous il conſpire.

L'Enfer va nous prêter d'inévitables traits.
Je ſçaurai l'y forcer, Hecate m'en aſſure;
Que l'eſpoir de vanger une mortelle injure
A de charmans attraits!

EURITE.

Répondez à mon attente,
N'écoûtez plus que la fureur;
Ma colere impatiente,
Murmure de vôtre lenteur.

HERMILIS.

Vôtre haine eſt-elle affermie?
Pourrez-vous voir Hippodamie,
Expoſée à perir.

EURITE.

Ah! que me dites-vous!

HERMILIS.

Pour ſervir nos tranſports jaloux!
Je puis déchaîner les Furies.
Mais, mon art ne ſçauroit borner leur barbaries,
Elles peuvent aller plus loin que je ne veux.
Mon Ingrat doit perir, peut-être la Princeſſe....
Vous fremiſſez, ah! l'amour malheureux
Doit-il avoir tant de foibleſſe?

EURITE.

Prêt à perdre l'Objet dont je fus enchanté
Puis-je être ſans inquiétude?
Ah! ſi je me ſouviens de ſon ingratitude
Je me ſouviens encore de ſa beauté.

HERMILIS.

Une odieuſe préference
Doit briſer un fatal lien,
Sur vôtre cœur eſt-elle ſans puiſſance
Quand elle peut tout ſur le mien?

Vous qui sçavez obscurcir la lumiere
Du Dieu brillant qui nous éclaire,
Vous qui faites gronder la foudre dans les airs;
Vous qui pouvez aller jusqu'au fond des Enfers,
Rompre les chaînes de Cerbere,
Vôtre secours m'est nécessaire:
Volez, venez à moi du bout de l'Univers.

SCENE II.

LES MAGICIENS, arrivent de toutes parts.

HERMILIS, EURITE.

CHOEUR.

TA voix redoutable
Nous rassemble-tous,
Que veux-tu de nous?
Si quelque coupable
Arme ton couroux,
Qu'il craigne nos coups
Qu'il soit ta victime.
Que son cœur percé,
Que son sang versé,
Punisse son crime:

Tout doit conspirer
Pour te satisfaire,
L'Enfer pour te plaire
Contre un téméraire
Va se déclarer.
Dis-nous t'on offense
Et de ta vangeance
Tu peux t'assurer.

On danse.

HERMILIS.

J'aime Pirithous, & son mépris m'outrage;
Je veux qu'il perisse en ce jour;
Et que l'Objet de son amour;
De ce Prince soit le partage.

Montrant EURITE.

Invoquez l'Enfer, hâtez-vous,
Joignez-vous à ma voix pour servir mon couroux.

LE CHOEUR.

Invoquons l'Enfer, hâtons-nous,
Joignons-nous à sa voix, pour servir son couroux.

On danse.

HERMILIS.

Divinitez de l'Acheron,
Secondez nôtre ardent courage:
Que Tisiphone, Erinnis, Alecton,
Au Lapithe étonné fassent sentir leur rage;

Qu'elles

Qu'elles fassent sifler leurs serpens furieux ;
Que dans le Festin qu'on prépare ,
La mort barbare
Dérobe tout un Peuple à la clarté des Cieux ,
Qu'envain il implore les Dieux.
CHOEUR. *Divinitez , &c.*

Bruit souterain.

HERMILIS.

Ce bruit affreux nous fait connoître
Qu'on nous entend aux Enfers:
Ses abîmes sont ouverts ,
Les noires Déitez à nos yeux vont paroître.

La DISCORDE suivie de trois Furies, sort des Enfers.

LA DISCORDE, à HERMILIS.

Tu n'as pas vainement recours
Au tenebreux Rivage ,
Espere tout de son secours.
La Discorde t'apprend qu'il reçoit ton hommage.

EURITE, HERMILIS, LA DISCORDE

Lancez vos / *Lançons nos* } *traits enflâmez ,*

Portez / *Portons* } *par tout le ravage :*

Faisons triompher la rage
Dont nos cœurs sont animez.

LA DISCORDE.

Au Festin ordonné par le Dieu de la Thrace,
Je tiendray la premiere place.
Je troublerai tous les esprits.
Du Centaure sauvage,
Je redoublerai le courage;
Le Lapithe entouré, surpris,
Tombera sous des coups terribles.
Les Eumenides invisibles,
Porteront par tout la terreur.

à EURITE.

Dans ce combat rempli d'horreur,
Où, par le fer, ou par la flâme,
La mort exercera sa barbare fureur;
En impitoyable Vainqueur,
Saisis-toi de l'Objet qui regne dans ton ame.

EURITE, HERMILIS, LA DISCORDE.

Lançons nos traits enflâmez, &c.

La DISCORDE sort.

EURITE ET HERMILIS.

Rendons graces aux sombres Bords;
Ils prennent soin de nôtre gloire:
A leurs invincibles efforts,
Nous allons devoir la victoire.

CHOEUR. *Rendons graces*, &c.

FIN DU QUATRIE'ME ACTE.

ACTE CINQUIEME.

Le Theâtre represente une belle Campagne. L'on voit le Mont-Othris dans l'éloignement.

SCENE PREMIERE.

HIPPODAMIE.

Revenez aimable Esperance ,
Effacez de mon cœur un triste souvenir ;
Le Ciel embrasse ma défense ,
Et je puis me flatter d'un heureux Avenir.

Fuyez tristes Ennuys , laissez en paix ma flâme ,
L'espoir vient regner dans mon ame.

Le devoir , la gloire & l'amour ,
Tout me rend cher le Heros que j'adore :
Les maux que j'ay soufferts jusqu'à ce jour
Me le rendent plus cher encore.

J'aime, je ſuis aimée, & je touche au moment
Qui rend mon ſort digne d'envie;
C'eſt le ſeul inſtant de ma vie
Où j'ay goûté ſans trouble, un plaiſir ſi charmant.

Fuyez triſtes Ennuys, laiſſez en paix ma flâme,
L'eſpoir vient regner dans mon ame.

Symphonie champêtre.

Les Bergers des prochains Hameaux,
Chantent déja la paix au ſon de leurs Muſettes:
Puiſſent-ils à jamais dans ces belles Retraites,
Jouir du plus heureux repos!

SCENE II.

FESTE DE BERGERS.

CHOEUR.

LE Ciel annonce à nos deſirs
Une tranquilité durable:
L'attente des plaiſirs,
En eſt un veritable.

DEUX BERGERES.

La paix & l'innocence
Regnent dans nôtre cœur ;
La flateuſe eſperance
Nourrit nôtre langueur.

Quand la perſéverance
Couronne nôtre ardeur,
Une heureuſe conſtance
Fixe nôtre bonheur. On danſe.

UNE BERGERE, avec le CHOEUR.

Jouiſſons en aſſurance
Des plaiſirs les plus parfaits ;
Allons au-devant des traits
Que le Dieu d'amour nous lance :
N'en craignons point les effets ;
Juſques dans leur violence,
Il ſçait mêler des attraits. On danſe.

SCENE III.

HERMILIS.

VOicy l'inſtant où ma fureur
Va faire icy regner l'horreur.
Crains une vangeance fatale,
Trop heureuſe Rivale,
Ce fer va te percer le cœur.

Quel étoit mon dessein; eh quoy! pour satisfaire
Les mouvemens d'une aveugle colere,
J'ay pû jurer la perte d'un Heros!
Il est ingrat, mais je l'adore,
Son sang n'éteindroit point le feu qui me dévore:
Il ne feroit que redoubler mes maux.

Démons, prenez soin de sa vie:
Pour servir mon juste couroux,
Il suffit de livrer à mes transports jaloux
Ma fatale Ennemie:
Quel plaisir de la voir expirer sons mes coups.
Que je la hais! helas! sans elle,
Sensible à mon ardeur fidelle,
Je verrois ce Heros peut-être à mes genoux;
Je ne puis être trop cruelle,
Pour qui m'enleve un bien si doux.

Tu vas m'accuser de parjure,
Eurite, je le sçais, je te manque de foi;
Mais l'amour dans mon cœur plus fort que la nature,
M'en impose la Loi.

CHOEUR, derriere le Theâtre.

Frappons, versons un sang perfide,
Malheureux, tombez sous nos coups:
Perissez tous.
Suivons la fureur qui nous guide.

HERMILIS.

Quel bruit affreux! ah! je fremis d'horreur!
Mon malheur est certain quelque soit le Vainqueur.

CHOEUR. *Frappons*, &c.

HIPPODAMIE traverse le Theâtre, enlevée par une troupe de Centaures.

HIPPODAMIE.

Grands Dieux, sauvez Pirithous.

HERMILIS.

Hélas! en ce moment, peut-être il ne vit plus.
Sa tendresse pour ma Rivale
Le faisoit voler sur tes pas.
Il ne vit plus! ô douleur sans égale!
Malheureuse, c'est moi qui cause son trépas.

CHOEUR. *Frappons*, &c.

HERMILIS.

Que vois-je? ô Ciel!

SCENE IV.

PIRITHOUS, HERMILIS.

PIRITHOUS.

JE viens de me vanger.
Dans le sang d'un Tyran, j'ay lavé mon offense.

HERMILIS.

Tout couvert de son sang, viens-tu pour m'outrager?
Verse le mien, Cruel! acheve ta vangeance;

Frappe... qui te retient? ne puis-je t'irriter?
Accorde à ma douleur le trépas qu'elle implore.
Mais non, pour la voir augmenter,
Tu veux me laiſſer vivre encore.

PIRITHOUS.

Fuyez loin de ces lieux. Mais, l'Objet que j'adore
Ne s'offre point à mes regards?
Je porte envain les yeux de toutes parts.

HERMILIS.

Tu ne la verras point, on l'enleve à ta flâme;
Tu la perds pour jamais.

PIRITHOUS.

Qu'entends-je! quels nouveaux forfaits!
Quel trouble affreux s'empare de mon ame!
S'il en eſt tems encor, allons la ſecourir,
Courons la vanger ou perir.

SCENE V.

THESE'E, HIPPODAMIE, HERMILIS, Troupe de LAPITHES & D'ATHENIENS.

THESE'E, à PIRITHOUS.

Vous n'avez plus besoin du secours de vos armes?
Tout est tranquile en ce séjour;
Recevez de mes mains l'Objet de vôtre amour.
Jouissez à jamais d'un bonheur plein de charmes.

HIPPODAMIE, ET PIRITHOUS.

O jour cent fois heureux!

PIRITHOUS, à THESE'E.

Que ne devons-nous pas à vos soins genereux!

HERMILIS, à PIRITHOUS.

C'est à moy d'achever ta funeste victoire,
Barbare, voy couler mon sang avec mes pleurs.

Elle se frappe.

HIPPODAMIE.

Quel desespoir affreux!

HERMILIS.

Je meurs.

PIRITHOUS.

Perdons de ſes fureurs l'odieuſe memoire,
Ne nous occupons en ce jour
Que du bonheur de nôtre amour.

PIRITHOUS, ET HIPPODAMIE.

Quel transport ravit mon ame !
Je regne dans vôtre cœur ;
A tous les inſtans ma flame,
M'aſſure de mon bonheur.

THESE'E.

Le Dieu Mars n'eſt plus irrité,
Il vous fait triompher d'un Ennemy barbare,
Sa bonté pour vous ſe déclare,
Rien ne ſçauroit troubler vôtre felicité.

CHOEUR.

Le Dieu Mars n'eſt plus irrité,
Il vous fait triompher d'un Ennemi barbare,
Sa bonté pour vous ſe déclare,
Rien ne ſçauroit troubler vôtre felicité.

On danſe.

UNE THESSALIENE.

Banniſſons nos allarmes,
La paix vient tarir nos larmes :
Dans cet heureux ſéjour,
Goûtons les charmes de l'amour.

Jeux aimables,
Jeux durables,
Rassemblez-vous dans sa Cour;
Sans vos flateuses chaînes
Tout languit dans l'Univers;
Mille haînes,
Mille peines
Causent nos tourments divers;
Quand vos douces flames
Viennent agiter nos ames
Par les desirs,
Tout contente,
Tout enchante,
Tout inspire les plaisirs.

On Danse.

LA THESSALIENE.

Amour! remporte la victoire,
Regne sur nous, charmant Vainqueur;
Tu ne peux songer à ta gloire,
Sans songer à nôtre bonheur.

On danse.

LA THESSALIENE, alternativement avec le CHOEUR.

L'Amour vient finir nos peines,
Et combler tous nos desirs;
L'hymen, par de douces chaînes,
Vient assurer nos plaisirs.

Dieu charmant, Dieu plein d'attraits,
Sur nos cœurs regne en paix,
Dieux charmants, Dieux pleins d'attraits,
Regnez en paix,
Ne nous quittez jamais.

FIN.

APROBATION.

J'AY lû par Ordre de Monseigneur le Garde des Sceaux, *Pirithous*, Tragedie, pour le Théâtre de l'Opera, & j'ay cru que cette Piece soutenue par les agrémens de la Musique, pourroit attirer les suffrages du Public. Fait à Paris ce 30. Novembre 1723.

Signé DANCHET.

PAR Traité passé, DE L'ORDRE DU ROY, pardevant Notaires, le 22. Novembre 1727. entre l'Academie Royale de Musique, & le Sieur BALLARD, *Seul Imprimeur du Roy, &c. Il est Cessionnaire de ladite Academie, pour ce qui regarde les Livres mentionnez au Privilege exclusif, accordé par Sa Majesté à ladite Academie.*

www.ingramcontent.com/pod-product-compliance
Lightning Source LLC
LaVergne TN
LVHW050428160826
845677LV00002BA/604